The Uncanny "Method" in the Madness

The Uncanny "Method" in the Madness

Apocalypse Now Redux aus Sicht der Postkolonialismus-Forschung

Wolfgang Streit

© 2014 Wolfgang Streit
Alle Rechte vorbehalten

Herstellung und Verlag:
BoD - Books on Demand, Norderstedt

Umschlaggestaltung, Layout und Satz:
Wolfgang Streit

ISBN: 978-3-734735-36-3
Schlagworte:
1. *Coppola, Francis Ford*
2. *Postkolonialismus-Forschung*
3. *Filmphilologie*
4. *Said, Edward W.*
5. *Bhabha, Homi K.*
6. *Spivak, Gayatri C.*
7. *Kolonialismus*
8. *Imperialismus*
9. *Vietnamkrieg*
10. *Freud, Sigmund*
11. *Unheimliche, das*
12. *Palimpsest*

Die erste Fassung dieser Abhandlung erschien als Kapitel D iv in:

Streit, Wolfgang. 2014. *Einführung in die Postkolonialismus-Forschung. Theorien, Methoden und Praxis in den Geisteswissenschaften.* Norderstedt: BoD.

Tötungsauftrag im Vietnamkrieg

Mythos vs. Geschichte

Kalter Krieg, Domino-Theorie, Freihandel

Unheimliche koloniale Palimpseste

Wahnsinn und „Methode" von Kurtz

Abstract

Apocalypse Now *has been interpreted as addressing the Vietnam War in a similarly mythological and hence ahistorical way as the high modernist poetry recited by Colonel Kurtz. The closer, postcolonial view of this paper in the German language, however, shows that the 2001 "*Redux-*" version of Coppola's film questions the imperialist US system on several levels. By mockery it subverts the ideology of free-trade underlying the confrontation between the super powers in the Cold War and the Vietnam War itself. Also, the movie's technique of montage fundamentally questions the authority of the military apparatus and exposes the untenable nature of Willard's killing mission. The visit of the Captain's boat crew in the French colony serves to further outline the extent to which the doomed imperial war project is grafted – as a palimpsest – on the equally outdated remains of the French colonial past. As a consequence both forms of intervention are cinematographically delegitimized, especially by means of uncanny props exposing the degree to which they are haunted by the contradictions between ideological justification, US-historical genocidal past – in the case of the Vietnam War – and a belligerent present operating also by means of arbitrarily constructed alterity.*

This makes obvious Redux's *practice of – in Edward Said's terminology – establishing "anti-imperialist resistance" against the US warfare. One of the movie's key strategies to expose the inhumane moral universe of the war theatre is Kurtz's "method" of making Willard – and the viewers of the movie – experience the large-scale massacre in a lavish, synesthetic total work of art inspired by Stanislavski's identificatory "method acting" and Richard Wagner. This didactic "Gesamtkunstwerk" also makes use of further cinematographic adaptations of uncanny elements – according to Sigmund Freud – and strategically mobilizes a displaced version of mimicry.*

Tötungsauftrag im Vietnamkrieg

Francis Ford Coppola beginnt 1976 mit den Dreharbeiten zu *Apocalypse Now* (im Folgenden als *Now* zitiert). Die größte militärische Niederlage der Geschichte der USA, der Vietnamkrieg, ist das Panorama, innerhalb dessen sich eine oftmals bis ins Surreale überzeichnete Handlung (Woodman 2005: 99 f) entfaltet: Den anfangs sturzbetrunkenen CIA-Agenten Captain Willard eskortieren US-Soldaten von seinem Saigoner Hotelzimmer zum Stützpunkt Nha Trang. Dort erhält er von einem General den Auftrag, die Schreckensherrschaft von Walter E. Kurtz zu beenden. Dieser US-Colonel entzog sich nach der eigenmächtigen Tötung mutmaßlicher Vietcong-Agenten seiner Verhaftung und versammelte jenseits der kambodschanischen Grenze eine Truppe um sich. Die Reise vom US-Stützpunkt über den unschwer als Mekong identifizierbaren „Nung-Fluß" bis nach Kambodscha legt Willard in mehreren Etappen auf einem unauffälligen Patrouillenboot mit vier weiteren Soldaten zurück. Sein Studium des Kurtz-Dossiers auf der Fahrt begleiten Spannungen mit drogensüchtigen bzw. überforderten Crewmitgliedern und anderen Kriegsbeteiligten. Dabei erhält die Crew eingangs Geleitschutz von einem „Luftkavallerie"-Regiment unter Lieutenant Colonel Kilgore, der Wildwest-Marotten zelebriert und bei seiner gleichzeitigen Suche nach einem Surfrevier über Leichen geht.

Während des Vordringens im Kriegsgebiet reihen sich weitere Episoden aneinander: Am Nung-Fluß unternehmen Willard und der nervenschwache „Chef" einen Landgang, in dessen Verlauf sich der vermeintliche Angriff des Feindes als streunender Tiger entpuppt. Daran schließt sich der Besuch einer Truppen-Unterhaltungsshow mit drei Playmates in Cowgirl- und Indianerinnen-Outfit am US-Stützpunkt Hau Phat an. Weiter flussaufwärts stößt das

Boot wieder auf die Show-Frauen in einem gestrandeten Helikopter, und der Anheizer der Gruppe vereinbart mit Willard die Prostitution der Playmates gegen Treibstoff. Bei der Weiterfahrt massakrieren die Seeleute in einer Panikhandlung eine friedliche vietnamesische Familie auf einem Handelsboot, und Willard erschießt eine Schwerverletzte, um seinen Auftrag ohne die Verzögerung durch einen Krankentransport erfüllen zu können. Nach einem Zwischenhalt an der heftig und vergeblich umkämpften Do-Lung-Brücke erhält die Crew Heimatpost und Willard den Hinweis, dass ein anderer Agent, der denselben Auftrag hatte wie er selbst, zu Kurtz übergelaufen ist. Nachdem das erste Crew-Mitglied, der minderjährige Clean, aus Leichtsinn erschossen wird, erreicht das Boot die französische Plantage der Familie DeMarais im Grenzgebiet zu Kambodscha.

Während des Abendessens dort erzählen der Familienpatriarch und Hubert DeMarais von der französischen Kolonialgeschichte. Die Nacht verbringt der Willard Opium rauchend bei einer Witwe im Haus der DeMarais'. Bevor die Crew das Lager von Kurtz erreicht, wird der Bootskapitän Philipps durch einen Speer getötet und versucht, Willard mit in den Tod zu nehmen. Die lange Schlusssequenz beginnt mit der Einfahrt des Bootes in einen leichengesäumten Flusshafen. Willard wird von der gemischtethnischen Gefolgschaft von Kurtz, die teils in Camouflage ist und teils weiß geschminkt, gefangengenommen. Der Kopf des auf dem Boot zurückgebliebenen „Chef" wird ihm in den Schoß geworfen. Willard fiebert, hört sich wiederholt teils unzusammenhängende Ausführungen und Rezitationen des von Denis Hopper gespielten US-amerikanischen Kriegsphotographen an, dann T.S.-Eliot-Rezitationen von Kurtz und dessen sarkastische Lektüre optimistischer Vietnam-Kriegsberichte aus der US-Presse. Der von Marlon Brando gespielte Kurtz kritisiert die US-amerikanische Kriegsführung und bittet Willard, seinem Sohn die Wahrheit über seine Motive, die er mit dem Begriff der Ehrlichkeit umschreibt, zu berichten. Nachdem Willard Kurtz auftragsgemäß getötet hat, hindert ihn dessen Anhängerschar nicht daran, das Boot zu erreichen, und er tritt die Rückreise an.

The Uncanny "Method" in the Madness   Streit

The Uncanny "Method" in the Madness   Streit

Mythos vs. Geschichte

Die Produktion von *Apocalypse Now* ist ein Fiasko. Das Wetter, die politische Situation am philippinischen Drehort und Ausfälle unter den Schauspielern verzögern die Dreharbeiten. Mit dem Sprengen des Zeitrahmens und der Budgetüberschreitung droht dem mithaftenden Coppola die Beschlagnahmung des Familiensitzes. Ätzende Pressekommentare während des Drehens und nach den Previews scheinen den Sturz Coppolas aus dem Karriere-Zenit, in den er mit den beiden Teilen von *Der Pate* aufgestiegen war, zu besiegeln. Während die von ihm selbst gezogene Parallele zwischen dem Chaos am Set und dem Vietnam-Krieg noch beeindrucken will („Wir waren im Dschungel, wir waren viel zu viele, wir hatten Zugriff auf zu viel Geld und auf eine zu große Ausrüstung, und nach und nach wurden wir wahnsinnig" (Anderson, J. 2001), verweisen Kritiker wie Keith Solomon (2007: 26) darauf, dass die Produktionsbedingungen auf den Philippinen einer Kolonisierung des Landes gleichgekommen seien. Wegen der rücksichtslosen Ausbeutung der einheimischen Bevölkerung könne man den Dreh als „physische Verlängerungen des US-Kolonialismus oder Imperialismus" ansehen. Zwar ist – ganz im Sinn des militärischen Desasters der USA – auch die Rede davon, dass der Regisseur mit dem Film sein privates „Vietnam" erlebt (Norris 1998: 758), aber wider Erwarten wird der 1979 erschienene Film zum mehrfach preisgekrönten triumphalen Erfolg.

Die Tatsache, dass mehr als die Hälfte der Produktionszeit auf Schnitt und Ton verwendet wird (Cowie 1994: 122-129), zeigt die Dimension des Auswahl- und Strukturierungsprozesses am Material während der Postproduktion. Das Ergebnis ist ein zweieinhalbstündiger Monumentalfilm. Den Regisseur stellt er von Anfang an nicht zufrieden. Mehr als zwei Jahrzehnte später veröffentlicht er mit *Apocalypse Now Redux* (*Redux*: lateinisch für „zurückkehrend") eine neuedierte Fassung, im Folgenden *Redux* genannt. Für sie ersetzt Coppola den chemischen Entwicklungsprozess durch den Technicolor-Dreifarbprozeß. Die ausdrucksstärkeren Farben sieht ein Kritiker (Ebert 2001: 28) gar als „unerwartetste" Neuerung im Vergleich zur ursprünglichen Fassung an. Vor allem aber verteilt *Redux* zusätzliche 49 Minuten auf zwei ganz „neue" Szenen und eine Vielzahl kürzerer Ergänzungen. Damit lädt *Redux* die Filmphilologie dazu ein, genetische Fragestellungen, wie sie die Editionsphilologie entwickelt hat, auf ihr Metier zu übertragen und die Abweichungen zwischen den beiden Fassungen herauszudestillieren. Komplex ist diese noch ausstehende Arbeit, weil Coppola bei der Erstellung von *Redux* nicht direkt vom ersten Schnitt ausgeht, sondern gemeinsam mit seinem Cutter Walter Murch und einem ganzen Stab von Gehilfen einen völligen Neuschnitt der 370 Stunden Rohmaterial erstellt (San Filippo 2001; Ebert). In der Tat liegt die Vermutung nahe, dass *Redux* in mehr als den zwei Fünfteln der 36 Szenen, die der DVD-Produzent als ergänzt markiert, merklich von *Now* abweicht.

Ursprünglich plant Coppola, *Herz der Finsternis* von Joseph Conrad (1899 / 1973) zu verfilmen, ein Projekt, an dem Orson Welles Jahrzehnte zuvor gescheitert war (Cowie 1994: 120). Der Skriptschreiber John Milius überträgt die Handlung aus dem ausgehenden 19. Jahrhundert in das letzte Drittel des 20. Jahrhunderts und verschiebt sie räumlich vom Kongo nach Vietnam. Zwar erwägt Coppola, seinem Film den Titel der Conrad-Novelle zu geben (Chown 1988: 130), doch die erheblichen Abweichungen vom Conrad-Material (Cowie 124). Der von Michael Herr nachgelieferte Erzählertext verändert die Vorlage noch weiter und ist ein zusätzlicher Grund für die neue Titelwahl. Dennoch weist der Film eine Vielzahl von Bezügen zum Text Conrads auf, die etwa Margot Norris (732, 739-41), Peter Cowie (1994: 122, 140) und Linda Cahir (1992) unterstreichen.

In diesem Zusammenhang kommen Kolonialismus und Imperialismus ins Spiel, weil auf deren Begleiterscheinungen sowohl Conrad als auch Coppola ihr Augenmerk richten. Hinsichtlich dieses Zusammenhangs erläutert der Kameramann Coppolas, Vittorio

Storaro, es sei ihm darum gegangen, „die Hauptidee von Conrad auszudrücken, nämlich wie eine Kultur einer anderen aufgezwungen wird" (Cowie 1994: 133). Dabei bedarf Cowies (ebd.) Ansicht, dass die Kritik Conrads so allgemein sei, dass sie sich nicht nur im Belgischen Kongo, sondern überall ansiedeln ließe, der Erläuterung. So zeigt Norris (1998: 735), wie Marlow in *Herz der Finsternis* die imperialromantische Erzählung unterläuft und den von Adam Hochschild (2000) analysierten, konkreten belgischen Privatkolonialismus Léopolds II. von Belgien als kriminellen Raubzug und Mord anprangert. Conrads ausdrückliche Parallele von diesem Kolonialismus zur römischen Besiedlung Englands verweist bei Conrad zugleich implizit auf die englische Unterwerfung Indiens. Die weitere symbolische Übertragung auf den Vietnamkrieg in *Apocalypse Now* begründet sich mit der globalen Phänomenologie des Kolonialismus: So erläutert Norris (ebd.): „Kolonialismus ist ein bewegliches Gräuel, das zur Verschiebung und zur Wiederholung neigt." Während Conrad den belgischen Elfenbeinhandel als Motor der Kolonisierung identifiziert, besteht der parallele Antrieb des imperialen Vietnamkriegs in der Sicherung des Freihandels durch die USA. Weil damit die Ausbeutung und die Beherrschung von Imperialismus und Kolonialismus im materiellen Interesse konvergieren, liegt es für die *Redux*-Analyse nahe, den Vietnamkrieg mit der filmspezifischen Repräsentation des französischen Indochina-Imperiums zu konfrontieren.

Im Spannungsverhältnis dazu steht die mythologische Dimension des Films: *Redux* bedient sich bei Texten des anglo-amerikanischen Lyrik-Papstes der ersten Jahrhunderthälfte, T.S. Eliot, und bei dessen Referenzautoren, den Mythen- und Religionsforschern Jessie Weston und James Frazer. Deren Werke tauchen im Hauptquartier von Kurtz auf. Während jedoch Eliot die Novelle von Conrad im Epigramm seines Gedichts „Die hohlen Menschen" beschwört – und dabei *nicht* ausdrücklich auf die historische Dimension zielt, kehrt sich das Zitieren in der Verfilmung anachronistisch um. In *Now* deklamieren Kurtz und der hofnarrenähnliche Photograph „Die hohlen Menschen" ebenso wie „Das Liebeslied von J. Alfred Prufrock" von Eliot und dessen „Das wüste Land," einen der

Haupttexte der modernen englischsprachigen Dichtung (Eliot 1974: 13-17; 61-86; 87-92). Mittels dieser Zitiertechnik ebnet der Film Unterschiede zwischen Quelle und Zitat ein und macht beide zum poetisch-mythologischen Horizont, vor dem sich der Vietnamkrieg entfaltet. Und auch die Schlusssequenz, in der Willard Kurtz tötet, platziert das rituelle Fest der Kampfgemeinschaft, die Kurtz anführt, auf dieselbe Ebene wie die literarischen Bezüge zum Mythos und die Tötung von Kurtz: Dazu blendet der Film mehrmals von der Hinrichtung im Kontext des US-Imperialismus zu der rituellen Schlachtung des Karibus über.

Zu Recht verweist Norris (1998: 731) bei der Vermessung dieser ausgedehnten mythologischen Ebene auf die darin angelegte Gefahr der Enthistorisierung und benennt damit auch die Tendenz von Eliots Denken, wie der Dichter sie etwa in seinem Aufsatz zu *Ulysses* von James Joyce (1923 / 1975) artikuliert. Dort drückt er den Wunsch aus, mit seiner „mythischen Methode" das „gewaltige Panorama der Sinnlosigkeit und Anarchie der zeitgenössischen Geschichte" durch den Rückgriff auf die mythische Tradition zu „kontrollieren und ordnen" und ihm Sinn zu verleihen (177). Ein solcher metaphysisch konzipierter Sinn liegt außerhalb der Wechselfälle der Politik und jenseits geschichtlicher Verantwortung. Ganz in diesem Sinn attestiert Christopher Sharett (1980: 40) dem Film, moralischen oder politischen Fragen auszuweichen, und tatsächlich weitet sich die poetisch-mythologische Dimension des Films im Verlauf der Dreharbeiten erheblich aus (Cowie 1994: 124). Donald Whaley (1992: 170) zitiert den „Gang in die Unterwelt," der in *Apocalypse Now* mit Willards Sinkflug auf Nha Trang einsetzt, als Paradebeispiel für die Strategie – auch anderer Vietnam-Filme –, die von den US-Amerikanern begangenen Gräueltaten vom Diesseits zu distanzieren und damit die Moral zu suspendieren.

Keith Solomon (2007: 29) geht gar noch einen Schritt weiter: Er wertet die Herstellung einer surrealen Szenerie durch Mittel wie Nebelwerfer als metaphorischen Versuch, die Niederlage der USA in Vietnam durch die (alp-)traumhafte Atmosphäre der Flussreise auszulöschen. Die Forschung wendet sich jedoch auch dem moralischen Universum zu, das *Now* etabliert: So gruppiert etwa Louis Greiff (1992) die Figuren entsprechend ihrem Verhältnis zu Ästhetik und Moral. Aus diesem Schattenriss des Films treten Paarungen hervor: Kurtz als reiner und Willard als moralisch mehrdeutiger Soldat (189 f), das Paar des „Anstands und des Arbeitseifers," Chef und Chief, sowie das Paar der „Leere und Umarmung des Bösen," nämlich die Surfer Kilgore und Lance (191). Dem mit diesem Muster suggerierten Anspruch der totalen Erklärbarkeit des Films fällt freilich Clean als zu jung für „gültige moralische Entscheidungen" (193) zum Opfer. Es bleibt damit unvollständig.

Für die postkoloniale Perspektive lohnt indes der genaue Blick auf den diskursiven Mehrwert, den die Kriegsrepräsentation erwirtschaftet und auf das darin angelegte kritische Potential. Dabei muss man sich vergegenwärtigen, dass die Postkolonialismus-Forschung von Anfang an nicht nur den Kolonialismus mit der Besiedlung des beherrschten Gebietes (Ashcroft et al. 1998: 122) analysiert. Wie nicht zuletzt der Titel von Edward Saids Monographie *Kultur und Imperialismus* zeigt, nimmt sie auch den größeren Rahmen des Imperialismus als Kontrolle und Inbesitznahme von Territorium im Wettstreit zwischen Mächten in den Blick (Cooppan 2000: 1).

The Uncanny "Method" in the Madness   Streit

Kalter Krieg, Domino-Theorie, Freihandel

Der Vietnamkrieg ist die Grundlage der gesamten Handlung von *Redux*. Sicherlich ist der „Special-Forces"-Deserteur Kurtz in dem Film *Now* ein Avatar des gleichnamigen Elfenbeinhändlers in *Herz der Finsternis*, doch weit fester ist die Figur im der imperialen Realität des 20. Jahrhunderts verwurzelt: Am 30. September 1969 macht die *Los Angeles Times* mit der Meldung auf, dass die Anklage gegen den „Special-Forces"-Colonel Robert Rheault und fünf andere Nachrichtenoffiziere ohne Verhandlung niedergeschlagen wird. Die Anklage lautete auf Tötung eines langjährigen vietnamesischen Mitarbeiters wegen des Verdachts, der Zivilist sei Doppelagent. Der Skriptautor Milius wählt diesen Offizier als historisches Vorbild für Colonel Kurtz (Johnson 2003: 8). Der Fall löst die erste massenwirksame Publikation in der US-amerikanischen Presse aus, die den Vietnam-Krieg kritisiert, die Veröffentlichung der geheimen Pentagon-Akten durch Daniel Ellsberg. Diese Schriftstücke beweisen, dass das Kapitol dem Vietnam-Krieg unter dem Eindruck systematischer Lügen mehrerer Präsidenten zustimmte. Damit zieht der Film nicht nur die Parallele zwischen dem Kolonialregime Belgisch-Kongo und dem US-Krieg, sondern fordert zugleich nachdrücklich am konkreten Beispiel Rheault die vom politischen System verweigerte Antwort auf die Frage nach der Schuld ein.

Verständlich wird *Redux* erst vor dem Hintergrund der Durchsetzung der Imperialinteressen der USA in Südostasien während des Kalten Krieges gegen die UdSSR: 1954 legitimiert Präsident Eisenhower mit der Ideologie der „Domino-Theorie" die Taktik der USA im Kampf um die Aufteilung der Welt in Einflussphären (Anderson, D.L. 2002: 112 f; *Britannica* 2013). Dies Konzept formuliert zuerst US-Präsident Harry S. Truman in den 40er Jahren zur Rechtfertigung von Militärhilfe an Griechenland und die Türkei. Präsident Dwight D. Eisenhower überträgt es in den Fünfzigern auf Südostasien, insbesondere auf Vietnam. Und noch bis kurz vor seinem Tod vertritt es John F. Kennedy öffentlich (Anderson, D.L. 2002: 41). Was ist damit jedoch gemeint? Die „Domino-Theorie" beruht auf der Vorstellung, dass die Hinwendung eines Landes zum Kommunismus einen „Domino-Effekt" nach sich ziehe. Das „Umkippen" eines Landes wie Vietnam löse wie der bildgebende Dominostein den Sturz weiterer benachbarter Länder aus. Dieser Vorstellung zufolge liefen dann auch Länder wie Laos, Kambodscha, Thailand, das ehemalige Birma, Malaysia und Indonesien ebenfalls zum Kommunismus über, und die USA wären dort vom Handel ausgeschlossen. Der von den USA verfolgten Freihandelspolitik liegt die schlichte Hypothese zugrunde, dass freier Handel allen Beteiligten Wohlstand beschert. Diese Ideologie führt zur Forderung nach unbeschränktem Zugang der US-Produkte zu allen Weltmärkten und konsequent zum Kampf gegen tendenziell abgeschlossene Volkswirtschaftssysteme – und ist auf der US-Seite der Motor des Kalten Krieges.

Sicherlich ist es wagemutig zu behaupten, dass die gesamten Wirtschaftswissenschaften der USA im Kalten Krieg als „zentrales ideologisches Gegengewicht zum Marxismus-Leninismus instrumentalisiert" werden (Johnson 2000: 236) und dass die Austreibung der Sozialwissenschaften daraus – unter Einsatz der neoklassischen Peitsche – mit der Ausschreibung des Nobelpreises für die Disziplin ab 1969 belohnt werden (Johnson 2000: 236 f). Doch auch nach der Auflösung der Sowjetunion liegt der US-Strategie in den Verhandlungsrunden der Welthandelskonferenz und der seit dem Irak-Krieg offen das Völkerrecht brechenden US-Imperialpolitik die Forderung nach unbegrenztem Marktzugang zugrunde. Mentalitätshistorisch ergänzt sich der Handelsimperialismus mit dem „Manifest-Destiny"-Gedanken, der Auffassung, die USA müssten gleichsam unvermeidlich – daher der Begriff „offenkundiges Schicksal" – ihr Territorium gen Westen ausdehnen, bis zum Pazifik und letztendlich auch darüber hinaus (Said 1993: 348). Wenn die primäre Legitimation der US-Imperialpolitik der Freihandel ist, die USA selbst aber wie im Fall der Schutzzollpolitik in den Bereichen von Stahl und Agrarprodukten wie Zucker am Anfang des 21. Jahrhunderts (Cornwell 2002: 6) dagegen selbst offen verstoßen, so starrt den Zuschauer nach dem Verblassen dieser Ideologieschminke das nackte Gesicht des Imperialismus an.

Wie Norris (1998: 738) erläutert, legt auch der Film Coppolas diese Aufspreizung zwischen vorgeschützter und tatsächlich verfolgter Politik offen, wenn selbst in der Festung der Imperialtruppen, in Hau Phat, der Schwarzhandel prosperiert. Als Teil des Kampfes zur Durchsetzung des Freihandels, so die Schule der revisionistischen US-Historiker, treibt Roosevelt Japan durch Embargopolitik so sehr in die Enge, dass sie Pearl Harbour erwartungsgemäß angreifen (Herz 1987: 26 f; Stinnett 1999; Bock 2004). Zwar wird diese Sicht auch – vor allem in Militärkreisen (Drea 2000) – heftig angezweifelt, doch unbestritten ist der langfristige Profit, den die USA aus dem öffentlichkeitswirksamen Angriff der Japaner bis heute schlagen: Die Chance zum Kriegseintritt und den triumphalen Aufstieg zur Sieges- und Weltmacht. Weitere Schritte auf diesem Weg sind der Korea- und der Vietnamkrieg.

Als eine der Maßnahmen der USA, Barrieren gegen den Freihandel zu ihren Gunsten zu beseitigen, unterstützt die Weltmacht den südvietnamesischen Premierminister Ngo Dinh Diem. Diese „Marionette" der USA sagt aus Angst vor einem kommunistischen Sieg die auf der internationalen Konferenz von Genf 1954 vereinbarten Wahlen ab. Auch als die demokratische Legitimation des vietnamesischen Regimes ausbleibt, verstärkt Präsident Kennedy den US-Kriegseinsatz. Der Hinweis darauf, dass im Golf von Tongking ein US-Zerstörer von dem Vietcong angegriffen worden sei, bietet Präsident Johnson den Anlass dafür, den Krieg mit Zustimmung des Kongresses eskalieren zu lassen. Nach heutiger Quellenlage fand dieser Angriff jedoch niemals statt (Anderson, D.L. 2002: 45). Seit Ende der sechziger Jahre berichtet die US-Presse verstärkt über die Gräueltaten der USA wie die breitflächige Zerstörung der Infrastruktur des Landes und der Lebensgrundlage der Vietnamesen durch Entlaubungsmittel und Napalm, begleitet von Massakern an der Zivilbevölkerung wie dem von My Lai. Heute ist bekannt, dass die US-Streitkräfte nicht einzelne Kriegsverbrechen begehen, sondern Kriegsverbrechen den Alltag des US-Militärs ausmachen

(Kreye 2006: 11). Unter dem Druck der Bürgerrechtsbewegung gegen den Vietnamkrieg schließen die USA 1973 ein Waffenstillstandsabkommen und ziehen ihre Truppen ab.

Für den Film ist die Frage nach der Schuld von Kurtz von zentraler Bedeutung. Zur Beurteilung, wie Coppola diese Frage im Verhältnis zur historischen Realität thematisiert, ist die Abweichung im Vergleich zum Umgang mit dem historischen Vorbild für Kurtz, Rheault, von größtem Interesse. Die eigenmächtige Tötung mutmaßlicher Doppelagenten durch Kurtz ist in *Redux* das Startsignal für die Jagd auf ihn und der Auslöser dafür, ein Schreckensregime zu errichten, dessen Funktion unten noch näher zu beleuchten ist. Will man die Position des Films zur Funktion des US-imperialen Apparats eruieren, muss man den Blick auf diese Killermission richten: Als Grund für die Ahndung der Tötung ist zunächst die Darstellung des Werdegangs von Kurtz entscheidend. Und es erweist sich, dass die Begründung des Tötungsauftrags mit der Tötung von Doppelagenten ein Aspekt des „anti-imperialistischen Widerstandes" im Sinn von Edward Said (1993: 78 f) ist, der in Kapitel C i der *Einführung in die Postkolonialismus-Forschung* (Streit 2014) vertieft erläutert wird. Einen solchen Widerstand leistet *Redux* gegen die US-Politik.

Schon bevor Willard das Dossier von Kurtz vor den Augen der Zuschauer studiert und interpretiert, erhalten die Zuschauer nämlich bei der Szene in Nha Trang Einblick in dessen Vita. Der General stellt Kurtz als ehemals brillanten Offizier vor, als humanen Mann, der sich zum Einsatz bei den „Special Forces" gemeldet habe. Aber, so der General, „[d]anach wurden seine Ideen, Methoden" krankhaft, wie die deutschen Untertitel den englischen Begriff „unsound" übersetzen (*Redux* 14:30), um damit die Nähe des Wahnsinns und Verbrechens über den Aspekt simpler logischer Inkonsistenz, den das Wort auch besitzt (*OED* 1982: 5), zu privilegieren. Mit dem Hinweis auf den „Zerreißpunkt," den jeder Mensch besitze und den Kurtz überschritten habe, resümiert der General unter willfähriger Zustimmung Willards, dass Kurtz wahnsinnig geworden sei (16:40). Doch wenn der Film das Dossier bei der Übergabe zu Boden fallen lässt und sich dabei die Reihenfolge der

Unterlagen ändert (12:04), bebildert diese Dramaturgie den manipulativen Charakter der Biographie des Generals.

Der Film kommt auf diese Diskrepanz zwischen Darstellung und Wahrheit später in einer Rückblende und einer Parallelhandlung zurück: Als Willard das Dossier liest, erfährt er, dass Kurtz nach seiner Meldung zu den „Special Forces" mit der Operation „Erzengel" noch sehr erfolgreich war. Die offizielle Anerkennung dafür stellte sich jedoch erst nach positiven Presseberichten ein. Erst sehr viel später tötete Kurtz die mutmaßlichen Doppelagenten, und nach dieser Handlung kam der Widerstand im Operationssektor zum Erliegen. Die Diskrepanz von diesen Fakten zur Schilderung des Wahnsinns von Kurtz durch den General kommentiert *Redux* nach einer Stunde Filmzeit mit der Rückblende zu der Erzählung in Nha Trang (*Redux* 1:14:55). Dabei zeigt der Film – durch Schnitt und Montage – die Kontiguität von Willards Lektüre des Dossiers und des sich zur Musik von „Satisfaction" der Rolling Stones (1:12:04) verrenkenden Clean, dass die im Dossier und vom General verbreiteten Informationen ebenso „nutzlose Informationen" sind wie die Worte die das Lyrische Ich im Liedtext im Radio hört. Konsequent löst Willard das Dossier später auf und verteilt die Blätter im Wasser (2:20:02).

Historisch kritisierte die US-Presse die Manipulation des rechtsstaatlichen Vorgehens gegen Rheault. *Redux* geht mit der Relativierung der Informationen des US-Militärs, die den Mord-Auftrag begründen sollen, einen anderen Weg. Die mittels der Rückblende hergestellte Kontiguität siedelt in *Redux* die Manipulation eine Ebene tiefer an, nämlich innerhalb des Militärs. Der Film zeigt die Verwerfungen im Bereich der Militärführung, die vor der Öffentlichkeit verborgen gehalten werden sollen und auch vor den anderen Militärs, wie die penetranten Hinweise auf den geheimen Charakter des Auftrags belegen. Aus der Relativierung der Wahrheit schält sich eine Allegorie auf den US-Korpsgeist heraus, der weniger an Ahndung, als an Vertuschung und Mord unter dem Einsatz von Mitteln wie der Erpressung von Willard interessiert ist. Daher die Hinweise in Nha Trang, dass Willard bei der Erfüllung vorangegangener Aufträge ähnlich willkürlich gemordet haben könnte wie Kurtz. Entgegen dem populären Mythos, die Politik hätte im Vietnamkrieg versagt, konstituiert *Redux* den Vietnamkrieg auf der Ebene des Militärs als Ineinandergreifen von Erpressung, Gewalt und Vertuschung, die das Scheitern der USA ankündigen. Wenn *Redux* den Auftrag solchermaßen widersprüchlich begründet, destabilisiert der Film die Mechanik seiner Handlungsachse – die Ausführung des Mordauftrags – und lenkt den Blick stattdessen auf die Art, in der weitere filmische Mechanismen der Imperialmacht Widerstand entgegen setzen. Wie unten zu zeigen ist, bleibt der Film nicht bei seiner Kritik des (Des-)Informierens über Kurtz' Arbeitsweise stehen, sondern stellt die Frage nach dessen Methode an seinem Ende in das Zentrum seiner Handlung.

Auch an weiteren Stellen verweist *Redux* auf das Ausmaß, in dem das Wissen vom Vietnamkrieg durch militärische Repräsentationen verzerrt wird. Am deutlichsten zeigt sich dies wohl bei Willards erster Begegnung mit der Luftkavallerie. Als er am Ufer anlangt, um im zerstörten Dorf nach dem befehlshabenden Offizier zu suchen, erhält er von einem Filmregisseur Anweisungen wie er sich zu verhalten habe (*Redux* 24:30). Dadurch, dass Francis Ford Coppola in seinem eigenen Film diesen Regisseur spielt, wie Norris (1998: 759) erläutert, wirft der Film ein selbstkritisches Schlaglicht auf die inhärent verzerrende Darstellung auch von *Redux* selbst, für die schon die konkurrierenden Fassungen sensibilisieren. Wenn außerdem im Camp von Kurtz der von Dennis Hopper gespielte Kriegsphotograph Willard erzählt, dass Kurtz ihm Aufnahmen von sich unter Todesdrohung verbiete (2:25:40), wird das Ausmaß der unrepräsentierten, aber gleichwohl historisch geschehenen Wirklichkeit des Krieges klar, einer von verschiedenen Instanzen mit unterschiedlichen Interessen zensierten Wirklichkeit, die sich als Konstrukt erweist.

Unheimliche koloniale Palimpseste

Diese harsche Kritik an der Ausübung der imperialen Macht ergänzt der Film durch eine vielschichtige Darstellung historischer Tiefe: Während der in *Redux* eingefügten Szene auf der französischen Plantage stößt der imperiale Vietnamkrieg auf einen Überrest des französischen Kolonialismus. Zwar interpretiert Keith Solomon (2007: 30) diesen langen Filmabschnitt als Teil der Filmstrategie, die imperialen Umstände durch eine Art Sprung in die Vergangenheit im Traumhaften anzusiedeln und der imperialen Realität zu entziehen. Doch die genaue Analyse der Situation in der französischen Plantage und der vom Film eingesetzten Mittel zeigen das Gegenteil: Den Bann, unter dem alle Soldaten bei der Annäherung des Bootes an ein verfallenes Bauwerk am Flussufer stehen, zeigt der Film zunächst in einer Einstellung auf den unaufhörlich starrenden Willard *(Redux* 1:51:00). Neben einem bedrohlich brausenden Unterton setzt der Film dabei vor allem auf visuelle Attribute von Schauerfilmen. Zunächst nähert sich das Boot der Plantage in einem milchigen Nebel, wie er für Spukszenen typisch ist. Nachdem die Soldaten die Nebelbank, in der sie gefangen waren, verlassen haben, schält sich langsam eine Ruine heraus. Die anschließende Kameraeinstellung bindet diese vorher allgemein unheimliche Szenerie sorgfältig und konkret an die Plantage, denn ohne auszumachende Ursache weicht der Nebel aus der Ruine der Verladestation.

Wie in einem Schauerfilm betritt Willard in dies Spukhaus in einer Stille, die die Spannung steigert, und wird von ihm verschluckt. Als er wieder auftaucht, zitieren von oben herabhängende Fetzen das typisch unheimliche Inventar wehender Vorhänge. Chief Philipps artikuliert als erster die Angst mit seiner Anordnung der Gefechtsbereitschaft. Die anschließenden französischen Aufforderungen zur Entwaffnung lassen sich wie Geisterstimmen im Nebel keinen

Körpern zuordnen und die Behauptung, die Crew sei eingekreist, verstärkt die metaphysische Aura, weil eine Einkreisung am Ufer ohne Schiffsunterstützung *in realiter* unmöglich ist. Als schließlich im verwehenden Nebel endlich Menschen erkennbar werden, löst der Film damit nicht die Bedrohung auf, sondern erhält sie durch deren reglose Haltung aufrecht. Die Bewohner der Plantage erscheinen so als untote Spukgestalten.

Das Unheimliche ist nach Sigmund Freuds (1919 / 1955: 231, 235) klassischer Definition nichts vollkommen Fremdes, sondern dessen Gegenteil. Unheimlich ist das „Altbekannte, Längstvertraute," das verdrängt wurde. Die Wiederkehr dieses im Wortsinn „Heimlichen" lässt es unheimlich werden. Häuser wie die unheimliche Ruine am Flussufer von *Redux* sind deshalb bevorzugter Schauplatz von Heimsuchung, von Spuk oder Bedrohung, weil sich das Wort von Heim und Haus ableitet. Die Erweiterung dieser Herleitung auf den angelsächsischen Raum rechtfertigt auch die Ableitung des englischen „uncanny" für „unheimlich" aus demselben Kontext (Tatar 1981: 167-182) und überträgt die Diagnose Freuds auch auf den angelsächsischen Kulturraum. Gemäß Bhabha (1994: 9 f; 143), Gerry Turcotte (1998: 10-19) sowie Ken Gelder und Jane M. Jacobs (1998: 23-26) besitzt das Unheimliche besondere Aussagekraft für kolonial geprägte Kulturen wie die vietnamesische, die französische und die US-amerikanische.

Turcotte stellt die Verbindung zwischen kolonialer Unsicherheit und dem Unheimlichen her: „die genretypischen Eigenschaften der Form des Unheimlichen werden dazu herangezogen, die koloniale Erfahrung zu artikulieren, und zwar insofern, als beide aus einem Zustand der Entwurzelung und Unsicherheit entstehen." Gayatri Spivak (1996: 27) sieht die Nation, die entkolonisierte Völker von Kolonialmächten zurückgewinnen, als „unheimliches Haus, das die Kolonisten bewohnen." Und Gelder und Jacobs beschreiben das Unheimliche als besonders geeignet, die paradoxe postkoloniale Situation zu artikulieren sowie die verunsichernde Polarität des Gefühls gleichzeitig „am Ort und fehl am Platz" zu sein. Nicht zuletzt Homi Bhabha kommt zu dem Schluss (1994: 9) „das Unheimliche" sei „ein paradigmatischer kolonialer und postkolonialer Zustand." Sehr viel detaillierter zeigt der Glossar-Eintrag zum „Unheimlichen," in der *Einführung in die Postkolonialismus-Forschung* (Streit 2014) die überragende Bedeutung unheimlicher Motive für (post-) koloniale Verhältnisse.

Diesen Zustand erfahren Willard und die Bootscrew während ihres Besuchs auf der französischen Plantage eindringlich am eigenen Leib. Mit den Spätfolgen der Kolonisierung Indochinas durch Frankreich stoßen sie auf die unheimlichen Wurzeln ihrer eigenen imperialen Mission. Die ehemalige Kolonialmacht Frankreich blickt dominant von oben auf die Besucher herab, ist in der Übermacht und erzwingt die Entwaffnung der Soldaten. Wenn auch die *ganze* Crew bei der Ankunft in der Plantage an die Vergangenheit Nordamerikas und die Konkurrenz der Kolonialmächte erinnert wird – so etwa, wenn die Abschussstatistik der DeMarais auch Amerikaner verzeichnet, die verlegen als Irrtümer erklärt werden –, ist doch Chef der Hauptträger der Ängste, die aus dieser Begegnung mit den Wiedergängern des Kolonialismus herrühren. Zwar kann er als einziger auf Französisch mit den Plantagenbewohnern kommunizieren, doch das versetzt ihn keineswegs in eine Position der Überlegenheit oder auch nur Ebenbürtigkeit. Vielmehr erniedrigt er sich befehlsgemäß und erklärt auf Französisch, sich selbst zu entwaffnen. Als er tatsächlich sein Gewehr zur Seite legt, muss ihm Phillips befehlen, sich weiter verteidigungsbereit zu halten und standhaft zu bleiben (Orig.: „Stand fast!"; *Redux* 2001: 1:52:50). Die ängstlichen Versuche von Chef, die Franzosen milde zu stimmen, indem er wiederholt beteuert, die Besucher seien Amerikaner und Freunde, bestätigen die Unterordnung der Besucher. Als Hauptadressat des Unheimlichen und Stellvertreter der US-Amerikaner im Kolonisiertenstatus qualifizieren ihn seine französische Berufsbezeichnung als „Saucier," seine Kenntnis des Französischen und die Herkunft aus dem durch Namen und Geschichte mit der ehemaligen Kolonialmacht in Amerika verbundenen New Orleans. Im Zusammenhang mit der Tiger-Szene im Dschungel verweist Solomon (2007: 27) auf die Analogie zwischen dem US-Imperialismus und der gewalttätigen US-amerikanischen Domestizierung der Wildnis und deren Umarbeitung nach den Vorstellungen des

„(weißen) Mannes" im 19. Jahrhundert nach. Doch unheimlich ist die Szene für die US-Amerikaner nicht nur durch das Déjà-vu des Vergangenen, sondern auch durch die verfremdete Konfrontation mit ihrer eigenen Gegenwart.

Die französischen Kolonisten konfrontieren die US-Amerikaner spiegelbildlich mit ihrem eigenen verdrängten imperialen Ich. Und diese Identität, so der Film, setzt mit dem US-amerikanischen Genozid an der amerikanischen Ur-Bevölkerung, den Indianern, ein. Diese Verbindung verkörpert im Film die Luftkavallerie, die den Tod statt von Pferderücken aus von oben herab mit Helikoptern bringt. Die Insignien aus der Zeit des Indianermordens – Kavalleriehüte, und -halstücher, Trompetensignale zum Angriff – sind geblieben, nur Gegner und Ort sind ausgetauscht. Und die Truppenunterhaltungs-Show macht aus dem Begehren, in dies von der US-Filmindustrie in dem eigenen Genre des Western mythisch überhöhte Zeitalter zurückzukehren, ein zentrales Motiv. An dem Cowgirl- und Indianerspiel der Playmates ist nicht nur die Erniedrigung der Frauen bemerkenswert, sondern auch die ausführliche spätere Erzählung eines der Playmates von ihrer vorherigen Demütigung während der Nacktaufnahmen, die eine Kontinuität zwischen der Erniedrigung von Indianern und Frauen herstellt. Und eine solche Darstellung von Indianern kritisiert wiederum nicht nur der Film, sondern lange zuvor schon Marlon Brando, der Darsteller von Kurtz. Er verweigert 1972 die Annahme des Academy Award (Oscar) für die Darstellung in Coppolas Film, „Der Pate" aus Protest gegen die entwürdigende Darstellung der Opfer des US-Binnenkolonialismus in Hollywood-Filmen (*Britannica 2013*).

Während die Kavallerie-, Cowboy- und Indianerdarstellungen die US-amerikanische Kolonialgeschichte aufnehmen, um sie burlesk zu verzerren, bildet die französische Plantage das unheimliche Gegenbild des US-Imperialismus, das selbst den Franzosen unheimlich ist. Seit dem Anfang des US-Kriegs gegen Vietnam müssen sich die Kolonisten gegen Angriffe verschiedener Kriegsparteien zur Wehr setzen, so dass ihr Heim keine Heimeligkeit besitzt. Mit den Angriffen ist die Lage der französischen Residenten so unsicher geworden, dass Willard fragt, „Was glauben sie, wie lange sie hier noch bleiben können?" *(Redux* 1:59:55). Diese Frage zielt auf die Heimatlosigkeit der Siedlerkolonisten und auf deren unsichere Identität: Zwar sind die Kolonisten französischer Abstammung, und Hubert DeMarais bekennt sich zur „Mentalität des französischen Offiziers," aber die Marseillaise will er nicht hören (2:04:05).

Dies Paradoxon verweist auf die Beschreibung nationaler Fragen als Organisationsprinzipien hinter dem Unheimlichen durch Cannon Schmitt (1997: 2). Willards Frage, wann die Kolonisten zurückkehren wollten, verweist diese auf ihre eigene Existenz als untote Relikte des untergegangenen Kolonialregimes, und es kommt zum Eklat. Wenn man mit Bhabha (1994: 9 f) das Unheimliche als Element des Ritus des Exterritorialen und des Kulturübergreifenden versteht, wird nachvollziehbar, dass das Haus der DeMarais in dem Maß unheimlich wird, in dem der imperialistische Krieg der USA sie an den Verlust ihres Status als Kolonialmacht erinnert. Mit den Worten von Gelder und Jacobs (1998: 23-26) wird ihre Plantage in dem Moment unheimlich, in dem die Kolonisten am Ort ihrer vermeintlichen Verwurzelung tatsächlich damit konfrontiert sind, „fehl am Platz" zu sein.

Doch vor allem setzt *Redux* die Plantage dazu ein zu zeigen, dass die Vietnam-Politik der USA nicht originär ist, sondern lediglich eine weitere Schicht der Gewalt über einem bereits reklamierten Territorium. Wenn die USA die vorhandene koloniale Signatur in imperialer Geste auszulöschen versuchen, um sich selbst in das Land einzuschreiben, überlagern sich Kolonialismus und Imperialismus. Nimmt man die Metapher des Einschreibens beim Wort, so entsteht dabei ein „koloniales Palimpsest." Der Begriff leitet sich von der Praxis mittelalterlicher Schreiber ab, aus Mangel an Schriftträgern die alte Schrift abkratzten, um Raum für die eigene Schrift zu gewinnen. Das daraus entstehende Palimpsest als mehrfach beschriebenes Blatt trägt die Spuren der neuen wie der alten Schrift und transportiert damit mehrere Bedeutungen (Baldick 2001: 181).

Entsprechend dieser Praxis verewigen sich die USA selbst auf dem südostasiatischen Pergament. Daher zielt die Frage Willards nach dem Abreisetermin weniger darauf, dass die Kolonisten auf verlorenem Posten stehen. Vielmehr ist sie Ausdruck des imperialen Anspruchs der USA, die vorherige koloniale Schrift vollständig zu tilgen. Zwar ist der Familienpatriarch als Bild für den französischen Kolonialismus schon so gebrechlich, dass er gefüttert werden muss, aber er durchschaut diese Rivalität zwischen Kolonialismus und Imperialismus. Anders als Hubert DeMarais reagiert er aber nicht verbal aggressiv. Nüchtern erklärt er die US-Amerikaner nicht nur zur neuen Imperialmacht, sondern auch zur Nation, der die Niederlage der Franzosen noch bevorstehe: „Und nun nehmt ihr [Amerikaner] den französischen Platz ein, und der Viet Minh bekämpft *euch*" *(Redux* 2:01:15).

Damit verweist die mehrstimmig vorgetragene Erzählung vom vergangenen Scheitern des französischen Imperiums Willard während des Diners auf die US-amerikanische Zukunft. Das koloniale Palimpsest verlängert die Reihe der französischen Niederlagen im zweiten Weltkrieg, in Algerien und in Indochina mit der Niederlage von Dien Bien Phu bis in die Zukunft, die zur Drehzeit gerade eben Vergangenheit geworden ist, zur Evakuierung der Saigoner US-Botschaft, die das Scheitern der USA besiegelt. Wenn Hubert DeMarais resolut, aber offensichtlich vergeblich mit Bezug zu der französischen Plantage insistiert, „Aber hier verlieren wir nicht!" *(Redux* 2:00:30), unterstreicht der Film damit zugleich die Haltlosigkeit der US-Politik, die sich mit demselben Gestus behaupten will.

Zur Sicherung der Kolonialansprüche der DeMarais-Familie wendet sich gar einer der Söhne von Hubert DeMarais flehentlich an Willard und fordert, dass die USA ihre Macht einsetzen sollten, um zu siegen *(Redux* 2:04:55). In dieser Bitte verschmilzt die Hoffnung auf den US-Sieg mit dem vergeblichen Anspruch, das französische Anrecht auf die Kolonie zu legitimieren und durchzusetzen. Das kinematographische Mittel zum Ausdruck der Parallele und des Antagonismus zwischen den Kolonialmächten sowie für das Unverständnis Willards dieser Zusammenhänge ist die Lichtregie.

Während der Ausführungen bekundet der Offizier wiederholt sein Unwissen und versucht, sich mit der Hand gegen die Blendung durch die starke Abendsonne zu schützen: Als *pars pro toto* der scheiternden US-Truppen ist Willard weder dazu in der Lage, die Bedeutung des aufklärerischen Lichts, das die Erzählung vom französischen Scheitern ausstrahlt, zu begreifen, noch sich dagegen zu schützen. Und die Unausweichlichkeit dieses Scheiterns unterstreicht *Redux*, wenn DeMarais an das Fenster tritt, durch das die Abendsonne auf Willard scheint, und die Jalousie *nicht* herunterzieht, um den Agenten vor der Blendung zu schützen *(Redux* 2:03:40). So wie Willard damit der Erzählung des eigenen Scheiterns hilf- und willenlos ausgesetzt ist, zeigt er sich auch unfähig, die im Film angelegten Lehren aus der Geschichte zu ziehen. Damit teilt er das Schicksal des Filmkritikers Todd Anthony (2001: 1D), der das Abendessen auf der französischen Plantage – die Schlüsselszene des Kolonialdiskurses von *Redux* – verurteilt, und sie lediglich als Anlass bezeichnet, Willard – und in der Erweiterung auch das Publikum des Films – „Geschichtsunterricht" über die vietnamesische Geschichte zu erteilen. Dem Gespräch mit der Seminarteilnehmerin Eva Seifried am 3. Februar 2003 ist der Hinweis zu verdanken, dass diese untergehende Sonne Willard aus dem Westen blendet. Damit verklammert der Film mit seinem Licht umso fester die kolonialen, imperialen und letztendlich orientalistischen Spielarten der Unterwerfungspolitik okzidentaler Provenienz.

Mit diesem Mittel setzt *Redux* die unheimliche Konfrontation im Nebel zwischen den US-Soldaten und den französischen Kolonialrelikten in den Tischgesprächen und der Lichtregie während des Diners fort. Den in diesem Zuge geführten unerbittlichen Kampf des gefallenen gegen das aufgestiegene Imperium überdeckt die Andeutung der Romanze zwischen Roxanne Sarrault und Willard nur mühsam. Coppola sah ursprünglich gar die weitere Zuspitzung dieses Konflikts anstelle des romantischen Ausklangs vor: Es existiert Rohmaterial, auf dem Roxanne von US-amerikanischen Soldaten vergewaltigt und DeMarais exekutiert wird (Cowie 1994: 125); für *Redux* bleibt es jedoch unberücksichtigt. Somit arbeitet auch der Neuschnitt den Kampf zwischen den Beschreibern des

Kolonialpergaments nicht so drastisch als arbiträren Kampf um imperiale Macht heraus wie ursprünglich vorgesehen. Es lässt sich jedoch spekulieren, was dies Material zum Verständnis des Films beitragen würde: Die US-Soldaten wären beim hilflosen wie *vergeblichen* Versuch zu beobachten, ihre bevorstehende Niederlage symbolisch zu kompensieren, indem sie die vorher Unterlegenen bekämpften und damit – historisch in die Tiefe zielend – auch ihre vormalige Opferrolle als Kolonisierte Frankreichs revidierten.

Angesichts der aus der Lichtregie gespeisten visuellen Konfrontation zwischen Frankreich und den USA verblassen die anderen, sofort ins Auge fallenden Bezüge zwischen dem französischen und dem US-amerikanischen Imperium – etwa die Parallele zwischen den Flugblättern von Studenten an der Heimatfront in Frankreich und den USA sowie die Entsprechung der am Tisch heftig ausgetragene Auseinandersetzung über die graduelle Abweichung zwischen westeuropäischem Kommunismus und Sozialismus und der Kommunistenangst während der McCarthy-Ära. Im Gegensatz zur Ansicht von Maria San Filippo, der die politischen Ausführungen als „weitgehend unverständlich" erscheinen, bilden sie das politische Grundwissen ab, wie es David L. Anderson (2002: 106) und die *Encyclopaedia Britannica* zusammenfassen: Am Ende des Zweiten Weltkriegs rüsten die Vorgängerorganisation des CIA, das „Büro für Strategische Dienste" (OSS), Hồ Chí Minh und seine später in dem Vietcong aufgehenden Viet Minh auf, um den Kampf gegen die in Südostasien expandierte Imperialmacht Japan zu gewinnen. Nach der Auslöschung der französischen Verwaltungsspitzen durch Japan und der vernichtenden Niederlage Japans im Anschluss an Hiroshima und Nagasaki soll die Militärhilfe dazu beitragen, das Machtvakuum zu füllen. Diese US-Unterstützung eines späteren Feindes ist Vorbild für eine lange Reihe späterer Fehlkalkulationen der US-Außenpolitik wie etwa die Hochrüstung von Iran und Irak.

Analogien für die historische Arbitrarität der Indochina-Kriege zwischen Frankreich und Hồ Chí Minhs Truppen und des Vietnamkriegs der USA etabliert *Redux* in einer Vielzahl von Szenen. So stellt etwa Norris (1998: 740) die von Kilgore verteilten „Totenkarten," die er wahllos über getöteten Vietnamesen verteilt *(Redux* 27:05), in diesen Zusammenhang. Die Provokation von Kriegshandlungen durch den Transport des Bootes in den Nung-Fluß an eine Stelle, die der Feind kontrolliert, steht in demselben Kontext. Der Anlass für das arbiträre Morden ist, dass das Crewmitglied Lance ein bekannter Surfer ist und an dieser Stelle ein herausragender Wellenverlauf lockt, den Kilgore auszunützen hofft, und Willard bestätigt Kilgore in diesem Vorhaben (32:00).

Die arbiträre Gewalt des US-Imperialismus bebildert *Redux* auch damit, dass die Bugwelle des Bootes mit dem wasserskifahrenden Lance im Schlepptau vietnamesische Wäscherinnen und eine Fähre unter Wasser setzt (1:11:40-12:30). Mit dem höhnischen „Sayonara!" lässt der Film die Crew eine verschwiegene, „Domino-Strategie" imperialer Expansion der USA von Japan nach Südostasien formulieren: Wie Norris (744) erläutert, transportiert dieser Gruß den Rassismus, der dem einen Krieg zugrunde liege, zum nächsten. Mit der großen Präsentation des Sony-Logos auf dem Tonband im Stützpunkt des Heeresnachrichtendiensts in Nha Trang zeigt der Film zudem noch eine weitere Verbindung zwischen Japan und den USA: Wie Cahir (2002: 184) erläutert, ist an die Stelle ehemaliger Kriegsfeindschaft die Kollaboration im Bereich des Freihandels getreten. Das Logo dient dem Film damit als *pars pro toto* des Antriebs der Kriegsmaschinerie, den Kampf um weltweite Absatzmärkte, den die Domino-Theorie mit dem Attribut der Freiheit versieht.

Diese arbiträre Gewaltausübung drückt schließlich auch die Wahl des Namens für den Feind aus. Für ihn sind die rassistischen oder abwertenden (*OED*; Anderson, D.L. 2002: 121) Bezeichnungen „gook" *(Redux* 31:30; auch „cocky gook asshole lieutenant," 1:09:30), „dink" (als „dink bitch," 42:43 oder „stinking dink body," 47:30) oder „slope" (35:22) gebräuchlich. Sehr viel häufiger wird der Feind aber mit einem viel alltäglicheren Namen bezeichnet, mit „Charlie" (u.a. 5:35; 32:40). Charlie hat seit 1946 die nachgewiesene Bedeutung „Heini" oder „Blödmann" (*Collins* 1980), ist aber im Militär-Slang schon seit 1919 als Wort für den Tornister gebräuchlich (*OED*). Der linguistische Austausch des Menschen gegen den Gegenstand etabliert eine Alterität, deren Funktion nicht nur im Versuch der rassistischen Abgrenzung, liegt wie im Fall der anderen drei Schmähungen. Die begriffliche Situierung des Gegners außerhalb der menschlichen Gemeinschaft autorisiert auch die enthumanisierte Trophäenjagd und Leichenschändung durch US-Amerikaner, wie sie der Mit-Autor am Skript, Herr, in seinem Buch *Dispatches* (1980: u.a. 211) als Teil des photographisch dokumentierten Militäralltags in Vietnam beschreibt. Vor allem aber spielt der Film durch die Bevorzugung dieses Begriffs für die Vietnamesen den Aspekt in den Vordergrund der Kriegshandlung, dass es in Vietnam darum geht, aus dem Gegner innerhalb des größeren Szenarios des Kalten Krieges den Nutzen eines Gebrauchsgegenstandes für ideologische Zwecke zu schlagen.

Auch auf der französischen Plantage formuliert ein Tischnachbar von Willard die Arbitrarität der Wahl des Kriegsschauplatzes Vietnam im Zuge der US-Expansion und deren globalen Zusammenhang. Er berichtet, ein US-Amerikaner habe ihm Vietnam als lediglich *einen* Schritt der US-Expansionsstrategie beschrieben *(Redux* 2:02:45). Doch *Redux* geht sehr viel weiter, als nur die Verlagerung auf weitere imperiale Schauplätze zu skizzieren und auf den arbitären Willen zur Macht zu verweisen. Die kontrapunktische Filminterpretation im Sinn von Edward Said (1993: 79) zeigt, dass *Redux* den kolonialen Rechtfertigungsdiskurs in zwei Vignetten hinterfragt und bei dieser Ideologiekritik die „pro-imperialistische Apologie" bloßstellt und entsprechend Saids Vorstellung vom „anti-imperialistischen Widerstand"(1993: 78 f) deren fiktionalen Charakter offenlegt: Im Aufstehen von der Tafel zerquetscht der echauvierte Philippe mit der Hand ein Ei (2:02:15): „Schauen sie, das ist die Wahrheit: Ein Ei. Das Weiß geht, aber Gelb bleibt." Die Tatsache, dass sich die Farbe des Eigelbs unter seiner Gewalteinwirkung durchsetzt, nutzt er zur Bebilderung seiner eigenen Auffassung, dass auch „weißen" US-Amerikaner Vietnam verlassen werden müssen.

Doch diesem Bild liegt eine ideologische Ganzheitsphantasie zugrunde, nämlich eine vorherige koloniale Einheit und damit die vermeintlich friedliche Koexistenz der ebenfalls symbolisch weißen

Franzosen mit den Asiaten. Zu dieser Ideologie der Harmonie liefert Huber DeMarais die Vorgeschichte *(Redux* 2:06:30-2:07:02): „Es gab hier nichts – nichts. Die Vietnamesen waren nichts [...] Wir nahmen die Vietnamesen, arbeiten mit ihnen, machen etwas, etwas aus nichts." Seine Behauptung, die Franzosen hätten in Vietnam „nichts" vorgefunden und selbst die Vietnamesen hätten gleichsam erst geschaffen werden müssen, suggeriert die Existenz einer *tabula rasa*. Im Zuge ihrer „zivilisierenden" Mission hätten die Franzosen ihr erst einen Sinn eingeschrieben, indem sie Kautschuk aus Brasilien importierten, die Vietnamesen einsetzten wie Werkzeuge (und damit so nutzten wie die US-Amerikaner Vietnamesen bezeichnen), um so wirtschaftliche Möglichkeiten zu entfalteten. Dieser Einschreibungsprozess, der bildlich in die Einheit des intakten Eis mündet, blendet die Enteignung der indigenen Bewohner ebenso aus, wie die Ausbeutung der klimatischen Bedingungen und der Bevölkerung. Wenn auch DeMarais im Eifer des Lobes der eigenen Verdienste die politischen und hegemonialen Prozesse ausblenden möchte, so schildert er doch nichts anderes als eine Art Urszene des Kolonialismus, wie sie Said (1993: 93) bestimmt:

> In dem Moment, in dem zwischen echter Kontrolle und Macht, der Vorstellung davon, was ein vorhandener Ort war (sein könnte, werden könnte) und einem tatsächlichen Ort Übereinstimmung eintritt – in diesem Moment kommt der Kampf um Imperium in Gang.

In der weiteren Argumentation behauptet DeMarais die grundsätzliche Andersartigkeit dieser kolonialen Einschreibung im Vergleich zum US-Imperialismus, und deren Überlegenheit. Doch der Rückverweis auf seine eigene Ideologie, indem er nun das vietnamesische „Nichts" den USA zuweist, demaskiert auch seine eigene *tabula-rasa*-Phantasie: „Ihr Amerikaner, ihr kämpft für das größte Nichts in der Geschichte." (2:07:25). In dem Moment, als *Redux* DeMarais die US-Imperialstrategie als Nichts attribuieren lässt, und damit den Willen zur Macht als Nichts bezeichnet, strahlt dies auf seine vorherige Erzählung vom Nichts zurück und macht unter ihr denselben rohen Eroberungswillen sichtbar.

Trotz dieser Parallelen und Übereinstimmungen arbeitet *Redux* die kategorialen Unterschiede zwischen der Gewalt des französischen Indochina-Kolonialismus und der des Vietnamkriegs der USA klar heraus: Die Kolonie der DeMarais zeigt, dass es Frankreich neben der Hegemonie auch um die unmittelbare Ausbeutung vor Ort geht. Dagegen verfügen weder die Domino-Theorie noch die Kriegspraxis der USA über eine Vorstellung von Kultivierung, und sei es aus egoistischen Motiven. Seit den sechziger Jahren infiltrieren Vietcong-Soldaten – von nördlich der Demarkationslinie zum kommunistischen Nordvietnam am 17. Breitengrad aus – den Süden. Der erfolgreiche Guerillakrieg richtet sich gegen die zunehmend unproportional gewalttätigen US-Aggressoren. Die USA siedeln Vietnamesen in „Wehrdörfer" um und steigern ihren Feldzug zu einem Vernichtungskrieg, in dessen Verlauf sie Napalm auch gegen Zivilisten einsetzen und Wald- und Agrarland durch chemische Entlaubungsmittel wie „Agent Orange" veröden. Das berüchtigte US-Ziel, Vietnam in die Steinzeit „zurück zu bomben," wird dem Air-Force-General Curtis LeMay zugeschrieben, aber auch dem Senator von Arizona, Barry Goldwater, einem „Kalten Krieger," von dem auch angenommen wird, er habe Vietnam als Ziel von Atombomben eingestuft (Anderson, D.L. 2002: 121). Zwar lässt sich das Zitat damit historisch nicht authentifizieren, aber die Metapher ist deshalb so erhellend, weil sie den Kontrast des Vietnamkriegs zu „konventionellem" Siedler-Kolonialismus wie dem Frankreichs hervorhebt. Dass die Aussage nicht nur metaphorisch gemeint ist, sondern einen wahren Kern besitzt, zeigt hingegen die Tatsache, dass die Tonnage der allein nach 1968 über Vietnam abgeworfenen US-Bomben knapp dreimal so groß war wie die im gesamten Zweiten Weltkrieg von allen Seiten eingesetzte Sprengkraft (Johnson 2003: 7).

Das Steinzeit-Zitat ist im Grunde auch ein mit dem Titel gleichberechtigtes Motto des Films, und Lieutenant Kilgore beschwört in *Redux* dies apokalyptische Programm beim Anflug auf die zivilisierte Schule mit den fröhlichen, hübschen Kindern: „Ich will diese

Baumlinie bombardiert haben [...] Bombardier sie in die Steinzeit, mein Sohn!" *(Redux* 45:31). *Redux* rekonstruiert damit den vernichtenden US-Einsatz zur Erfüllung imperialer Ziele und erlaubt dabei einen genauen Blick auf das Gewebe des liberal-ökonomischen Kriegsanlasses. Der Wille zur Zerstörung lässt das blutige Fleisch unter der glatten Haut der Freihandelslehre hervortreten. Dies Muskel- und Sehnengeflecht stranguliert das Freihandels-Phantasma David Ricardos und Richard Cobdens vom größtmöglichen Wohlstand für alle (Fenske et al. 1981: 330-33) oder auch nur von „Entwicklung." Deshalb geht man fehl, wenn man meint, dass die imperiale Umkehrung des konventionellen, pastoralen Kolonialismus, der die Kolonisierung nach Thomas Carlyle, James A. Froude, and Charles Kingsley, vor allem aber Rudyard Kipling als Bürde des Weißen Mannes bestimmt (Tibi 1995, *Britannica* 2013), auf Ideale verzichtet. Im Gegenteil: Der Film zeigt, dass sich der materielle Einsatz für den Vernichtungskrieg überhaupt erst aus dem Idealismus verstehen lässt, um ebendiesen Glauben zu diskreditieren.

Zwar befiehlt Kilgore den Angriff, weil er Willard Geleitschutz an einer vom Vietcong kontrollierten Festung vorbei geben muss. Doch mit der Wahl der offensichtlich gefährlichen Route, die unter gewaltigem militärischen Einsatz „gesichert" werden muss, vermeidet Kilgore nicht nur die Diskussion der Alternativ-Passage in den Nung-Fluß. Wegen des niedrigen Wasserstands muss er auch das Boot mit dem Helikopter übersetzen. Neben den großen Kosten dieses Einsatzes – einschließlich der verwundeten US-Soldaten – reproduziert die Bildsprache von *Redux* das Missverhältnis zwischen Kriegsziel und Bombentonnage. Und es ist nicht ironisch, sondern Zeichen einer „zweck-los" gewordenen Zerstörungsmacht, dass die Napalmbombardierung das ursprüngliche Ziel von Kilgore – das Surfen – durch die Beeinflussung der Windrichtung sabotiert.

Redux findet Bilder und erzählerische Sequenzen für die imperiale Willkür hinter diesem Zerstörungskrieg. Der Film zeigt aber auch, dass der Selbstzweck des Krieges, die schiere Zerstörung, zum Ideal aufgestiegen ist und das Erreichen der vorgeblichen Ziele konterkariert. Dabei weist die Autorschaft dieses kriegerischen

Handelns weit über die Einzelfigur Kilgore hinaus. Ebenso wie die *Playboy*-Show zelebriert das am Vorabend des Angriffs begangene Barbecue einerseits den amerikanischen Lebensstil, den es damit auch exportiert. Andererseits lässt diese deplatzierte Kultivierung auch die ganze (klein-) bürgerliche US-Bevölkerung, deren materielle Basis dieser Krieg nach der Domino-Theorie sichern soll, mit Kilgore am Lagerfeuer Platz nehmen.

Wahnsinn und „Methode" von Kurtz

Nach der Feststellung, dass der Auftrag an Willard, das Regime von Kurtz zu beenden, unter Vorspiegelung falscher Tatsachen erteilt wurde, stellt sich die Frage nach der Beurteilung des Vorgehens von Kurtz innerhalb des imperialen Kontexts. Der Dialog zwischen Willard und Kurtz zum Mordauftrag liefert Indizien für die Beantwortung. Auf die Frage, was ihm bei der Erteilung des Auftrags gesagt worden sei, wiederholt Willard die Darstellung des Generals zur Methode und zum Wahnsinn von Kurtz *(Redux* 2:34:20), „Mir wurde gesagt, sie seien völlig wahnsinnig geworden, und dass ihre Methoden krankhaft seien." In seiner Entgegnung blendet Kurtz die Bestimmung des Geisteszustandes gezielt aus und konzentriert sich auf die Frage nach der Methode: „Sind meine Methoden krankhaft?", worauf Willard sein Unverständnis artikuliert: „Ich kann überhaupt keine Methode erkennen, Sir."

Zunächst lässt sich unter Verweis auf die große Studie *Wahnsinn und Gesellschaft* von Michel Foucault (1969) feststellen, dass die Bestimmung dessen, was als Wahnsinn gilt, seit der Aufklärung von dem Interesse der Vernunft geleitet ist, sich von einem anderen abzuheben. Übertragen auf das Militär in Vietnam bedeutet dieser Zwang zur Selbstdefinition durch den Ausschluss eines als wahnsinnig etikettierten Elements, dass der Begriff nicht als Beweis für den verwirrten Geisteszustand von Kurtz genommen werden darf, sondern vor dem historischen Hintergrund und Interesse desjenigen geprüft werden muss, der die Abgrenzung vornimmt. Für *Redux* geht es dabei um die vom Colonel vertretene Kriegsmaschinerie. Willard selbst mag eingangs der Qualifizierung von Kurtz als wahnsinnig zugestimmt haben, aber wenn der einzige Beleg dafür die Tötung Verdächtiger ohne Gerichtsverfahren ist, müsste Willard nach seiner Tötung des Steuereintreibers *(Redux* 10:30) und dem späteren Mord an der schwerverletzten Frau auf dem Sampan

(1:34:30), ebenfalls als Wahnsinniger gelten. So ist es konsequent, dass sich der Captain auf die Seite von Kurtz schlägt (19:15): „An diesem Ort jemanden eines Mordes zu bezichtigen ist so, wie wenn man beim Rennen von Indianapolis Strafzettel wegen Geschwindigkeitsüberschreitung ausstellt." Sicherlich muss Willard als Killer ein Interesse an seiner eigenen Exkulpierung haben. Dessen ungeachtet hinterfragt der – durchaus nicht unplausible – Vergleich jedoch grundsätzlich die Annahme, Mord innerhalb eines systematischen Tötungsprojekts wie dem Vietnamkrieg als Indiz für abweichendes oder gar kriminelles Verhalten heranzuziehen. Auf diese kategoriale Fragwürdigkeit des ohnehin im Film diskreditierten Dossiers der Militärführung zielt auch die Kritik von Kurtz an der Doppelmoral des Krieges in seiner Funkbotschaft (13:20): „Wie nennt man es, wenn die Mörder die Mörder anklagen?"

Wenn Wahnsinn schon für den Dänenprinzen Hamlet als Tarnung von Methode dient, so lohnt es sich, die Wechselwirkung zwischen beidem in *Redux* zu untersuchen. Und die Frage nach der Methode beantwortet sich beim Blick auf den Sinn des Camps. Einen Hinweis darauf, wie die „Methode" von Kurtz zu verstehen ist, gibt Willard selbst unfreiwillig. Als er leugnet, im Lager von Kurtz eine Methode zu erkennen, hebt das von ihm benutzte englische Wort „to see," das zwischen „sehen" und „erkennen" changiert, das Visuelle hervor. Und das Visuelle steht zunächst tatsächlich im Vordergrund der Darstellung des Lagers von Kurtz: Wie Requisiten hängen Leichen von Bäumen, die dramaturgisch perfekt ins Wasser stürzen, abgehackte Schädel bilden ein Ornament verworfener Grausamkeit. Darüber hinaus erscheint das Lager-Ensemble bei der Einfahrt des Patrouillenbootes in den dortigen Hafen in seiner Tiefenstaffelung als ansteigende Bühnenanlage, die zu den ankommenden Booten der Zuschauer hin ausgerichtet ist.

Norris (1998: 746) legt Spuren zu dem Sinn dieser Bühnenshow, wenn sie erklärt, „dass die wüsten Untaten von Kurtz lediglich die sichtbare und unverhüllte Variante der vorherrschenden, routinemäßigen, entmenschlichten Schlachtung der Vietnamesen war," die ihre Entsprechung in der gespaltenen Schlussszene des Films besitze, in der offenen Ritualgewalt und dem weitaus brutaleren, aber durch die Schnitttechnik verbrämten Mord Willards an Kurtz. Denkt man die Vorstellungen von Norris konsequent weiter, muss man das Lager von Kurtz jedoch nicht nur als visuelle, sondern als synästhetische Repräsentation verstehen. So wie Prospero in William Shakespeares *Der Sturm* (1611 / 1987) den Besuchern seiner Insel mit Ariels Hilfe eine Show vorgaukelt, um sie für seine Zwecke einzuspannen, inszeniert Kurtz ein gewaltiges und gewalttätiges, mehrere Sinne ansprechendes Spektakel für Willard als Stellvertreter des US-Filmpublikums.

Zwar verweist auch Solomon (2007: 25) mit Blick auf die Adressierung an die Zuschauer darauf, dass selbst Vietnamkriegs-Filme wie *Apocalypse Now*, die eine kritische Haltung an den Tag legten, dazu neigten, im besten Fall mehrdeutige Aussagen zu treffen, aber im schlechtesten Fall tatsächlich den Krieg als Spektakel zu überhöhen. Doch er vernachlässigt die vieldimensionale Mobilisierung dieses Spektakels für die kinematographische Kritik des Imperialismus. So ist Kurtz am Anfang von *Redux* durch seine körperlose Tonbandstimme mit einer Traumerzählung präsent *(Redux* 12:15). Die Bedeutung, die damit seiner Stimme beigemessen wird, bewundert nicht nur der US-Photograph (2:37:40). *Redux* unterstreicht die Bedeutung und Wirkung des Auditiven auch, wenn Kurtz in seinem Lager wie ein Schauspieler nicht nur Dichtung rezitiert, sondern ebenfalls Artikel des *Time Magazine*, die entgegen der historischen Realität den baldigen Sieg der USA in Aussicht stellen. Diese Szene, die in der Fassung von 1979 noch fehlt, „erdet" die mythische Dimension von Kurtz durch das offensichtliche Missverhältnis zwischen journalistischem Referat und repräsentierter Kriegsrealität. Im Anschluss an seine Rezitation appelliert Kurtz auch an weitere Sinne von Willard: Auf ein Zeitungszitat hin, in dem ein Kriegsbeobachter mit Blick auf US-Erfolge berichtet, dass sich die Dinge in Vietnam besser „anfühlten" und besser „röchen," fragt er Willard, wie die Dinge für ihn röchen (2:44:40). Das Lager von Kurtz wird auf diese Weise mit Attributen eines Gesamtkunstwerks ausgestattet, das ebenfalls über mehrere Sinne aufzunehmen ist. Weil Kilgore beim Anflug auf das feindliche Lager an der Flussmündung aus Lautsprechern den Walkürenritt des Schöpfers von Gesamtkunstwerken, Richard Wagner, abstrahlt, etabliert der Film seine eigene Korrespondenz zwischen der US-Kriegsführung und der Inszenierung von Kurtz. Zwar sieht Solomon (2007: 28) diese Inszenierung als Teil der Übermächtigung der Zuschauer an, mit der diese zu Komplizen der Kriegsführung gemacht würden, doch in diesem *repräsentativen* Bezug zur Kriegsführung liegt zugleich der Schlüssel zur Methode von Kurtz und zu der stärksten Imperialismuskritik, die *Redux* formuliert.

Zwar ist der Bezug des Methoden-Begriffs für das Handeln von Kurtz auf die „mythische Methode" von T.S. Eliot (1923 / 1975: 177) offensichtlich. Doch die mythologischen Versatzstücke sind lediglich Requisiten, die der Film Kurtz verarbeiten lässt. Die Methode selbst entfaltet sich hingegen im Bereich des Theatralischen und Didaktischen, und zwar auf zwei Ebenen, der von Kurtz und der von *Redux*. Als Ausgangspunkt dafür dient die Schauspiel-Technik der Schule Konstantin Stanislawskis, der Marlon Brando selbst entstammt, das „Method Acting." Gemäß dieser „Methode" sollen Schauspieler die Identität des gespielten Charakters annehmen und diesen verkörpern oder personifizieren (*Britannica 2013*). In Redux spielt Kurtz im Lager für Willard das US-Schlachten in Vietnam – die Enthauptungen und die Schändung der Leichenteile, wie Michael Herr sie schildert – nach und verweist voraus auf seine nachfolgende Erzählung von der Verstümmelung vietnamesischer Kinder. Damit wirkt die „Methode" von Kurtz, der zufolge Willard sich mit der Kriegsrepräsentation identifizieren soll, für Vietnam ebenso als Spiegel der institutionalisierten Gewalt des Vietnamkriegs, wie dies – Norris (1998: 748) zufolge – Kurtz in *Herz der Finsternis* für den belgischen Kolonialismus tut.

Dabei arbeitet Kurtz in seinem Lehrstück synästhetisch mit Mitteln der Grausamkeit und des Unheimlichen, und das Lernziel besteht in der Erkenntnis, dass die Kriegsführung der USA versagt, weil sie weniger konsequent ist als die der Vietnamesen. Ausgangspunkt dafür ist Kurtz' Bericht von einer Begebenheit, als vietnamesische Soldaten einheimischen Kinder, die von US-Soldaten geimpft wurden, die Arme abhackten *(Redux* 2:52:19-53:15). Die Erinnerung daran, wie sein Erschrecken angesichts dieser Gräueltat der Erkenntnis der Genialität dieses Handelns wich, mündet in seine Interpretation, dass der Vietcong mit dieser Haltung den US-Soldaten überlegen seien. Zur Erfüllung seines didaktischen Zweckes setzt der Regisseur Kurtz weitere ästhetische Mittel ein: So appelliert er an die visuelle Vorstellungskraft des Zuschauers Willard, als er erklärt, „Das Grauen hat ein Gesicht" (2:51:52); und um sicherzugehen, dass Willard den Lernprozess durchmacht, nimmt er ihm schon vorab die Visualisierung ab. Als Entsprechung der abgehackten Kinderarme wird Willard der abgeschlagene Schädel von Chef in den Schoß geworfen, und aus diesem Gesicht starren ihn aufgerissene Augen an (2:40:32). Diese Szene, die auf das Bild des Grauens bei Conrad zurückgreift (Norris 1998: 751), bedient sich des schon von Freud (1919 / 1955: 257) als „ungemein" unheimlich bestimmten Motivs des „abgehauene[n] Kopf[s]."

Die komplexe Filmsequenz mit dem Schädel ist nicht nur deshalb zentral, weil Willards anschließender Schrei auch das Entsetzen der Zuschauer von *Redux* artikuliert, so dass deren Reaktion auf der Leinwand verdoppelt wird. Aufbau und Schnitt der Szene sind auch grundlegend für das Verständnis der „Methode" von Kurtz (2:39:20-2:40:55) und im weiteren Sinn von *Redux*: Im nächtlichen Regen nähern sich gehende Füße der Kamera. Im Gegenschuss zeigt die sich von oben auf Willard zubewegende Kamera den Captain am Boden, gefesselt an ein Bambusgestell. Er trägt noch die Spuren davon, dass er im Schlamm gewälzt wurde. Mit zur Seite geneigtem, schmutzverschmiertem Gesicht tastet Willards Blick nach oben Richtung Kamera, und im Gegenschuss zeigt sich diese Suchbewegung als konzentriert auf einen Körper. Einen identifizierenden Halt findet dieses Tasten erst bei dem Gesicht von Kurtz, das mit Camouflage geschminkt isoliert im Dunkeln schwebt *(Redux* 2:40:01). Die Neigung des Kopfes von Kurtz nimmt spiegelbildlich Willards Haltung auf, woraufhin der Colonel die Bambuskonstruktion hinter Willard umrundet. Anschließend wirft eine isolierte Hand – die sich als die von Kurtz verstehen lässt – von der Seite den Kopf in Willards Schoß. Die Imitation der Kopfhaltung von Willard und die Kontiguität des hinter dem Gestell wegtauchenden Gestalt mit der werfenden Hand bringen die

Methode von Kurtz in dieser Szene auf den Punkt: Der schauspielerische Einsatz der Militär-Tarnfarbe macht den Deserteur zum Darsteller und *pars pro toto* der US-Truppen. Mit dem geschminkten „Gesicht des Grauens" führt er ihm ungeschminkt die Kriegsgräuel der vietnamesischen Truppen wie des US-Militärs vor Augen.

Dabei macht er sich jedoch nicht nur zur allgemeinen Metonymie der US-Imperialtruppen, die keine Exkulpierung kennt, sondern vor allem zum spezifischen Imitat von Willard: Die Camouflage von Kurtz repräsentiert Willards schlammiges Gesicht, und die Neigung des Kopfes des Colonel spiegelt die von Willards Kopf. Das heißt auch, dass man die Darstellung von Norris (1998: 754) variieren sollte, dass Kurtz die Kriegsbemalung seiner ihm ergebenen Hochland-Truppe trägt. Es ist vielmehr umgekehrt: Kurtz maskiert seine Truppe mit dieser Tarnfarbe und weiteren Bemalungen wie weißer, totenähnlicher Farbe, um die Camouflage der US-Truppen zu imitieren und zu überzeichnen.

Zudem setzt *Redux* zur Vorbereitung des unheimlichen Schädelwurfs schon bei der Kadrierung, der filmischen Inszenierung von Kurtz, die Technik der Verstümmelung ein: Der Bildausschnitt „hackt" seinen Kopf als unheimliches Gesicht des Grauens wiederholt vom Körper „ab," und dadurch, dass eine ebenfalls unheimliche, „vom Arm gelöste Hand wie in einem Märchen von Hauff" (Freud 1919 / 1955: 257) den tatsächlich abgehauenen Schädel wirft, benutzt der Film den Kopf und Arm des Colonels auf dieselbe Art wie Vietcong-Soldaten die Kinderarme und Kurtz selbst den Kopf von Chef: Als unheimliche Attribute des imperialen Projekts der USA und der vietnamesischen Gegenwehr, in denen sich deren verdrängter wahrer Kern zeigt. Damit identifiziert der Film das *arbiträre* Töten der US-Truppen mit den *gezielten* Verstümmelungen des Vietcong als Reaktion darauf, und nicht nur Willards Erschrecken, sondern auch dies „Köpfen" von Kurtz verlängert das „Lehrstück" in den Zuschauerraum hinein.

Doch Kurtz macht sich nicht nur diese Visualisierung zur Inkarnation des Grauens. Der Film fällt über ihn auch ein inhaltliches

Urteil: Wenn *Redux* selbst das „Theater" von Kurtz in seiner zweiten Inszenierungsebene auf die Leinwand bringt, macht der Film klar, dass der Gang auf des Messers Schneide zwischen Moral und Gewalt, den Kurtz in seiner Traum- bzw. Alptraumerzählung von der Schnecke auf der Rasierklinge beschwört *(Redux* 12:25), paradox ist. Die Soldaten sollen nämlich, so Kurtz (2:54:40), „moralisch" sein, aber „ohne Urteilsfähigkeit" töten. Und die Entleerung der Begriffe, die mit diesem Paradoxon einhergeht, lässt die gesamte Bühnenshow von Kurtz für den Zuschauer ebenfalls zur sinnentleerten Scharade werden, in die Willard eingeschlossen ist. Mit der Inszenierung der Gewalt des US-Imperialismus – durch die Imitation von Willard, der das US-Militär vertritt – und der Parallele zu dem konsequenten Abhacken der Arme führt *Redux* dem Zuschauer die Gewaltspirale des Imperialismus schonungslos vor Augen. Dass diese sich immer weiter schraubt, führt Redux anhand des Wunsches von Kurtz vor, mit „zehn Divisionen" solcher skrupelloser Soldaten den Krieg zu gewinnen.

Zwar ist es nicht von der Hand zu weisen, dass schon *Now* (Woodman 2005: 103) mit der Darstellung Cleans und Chiefs die Ungerechtigkeit des imperialen US-Systems gegenüber den afroamerikanischen Zwangsverpflichteten herausstreicht; und es ist auch richtig, dass *Redux* durch seine surreale Dramaturgie den Vietnamkrieg kritisiert. Doch in seiner spezifischen Inszenierung geht der Film über Sozialkritik und die ästhetisierende Verschiebung in psychologische Bereiche dezidiert hinaus. Tatsächlich liegt die stärkste Kritik liegt wohl in der Inszenierung der lokalisierten entgrenzten Gewaltfantasie, die in dem Widerspruch von Kurtz gipfelt, solche Killermaschinen seien „moralisch."

Dagegen fügt sich Willard am Ende mit der Massakrierung von Kurtz nicht nur dem Befehl der Militärführung. War er in der Schädel-Szene in einer durch Schmutz nur simulierten Tarnfarbe zu sehen, so nimmt er nun erstmals die Camouflage des Imperialismus an und taucht in echter Tarnfarbe aus dem Fluss auf *(Redux* 2:58:30), um Kurtz während der rituellen Schlachtung des Karibus zu töten. Damit spielt er auch in der Ritus-Show vollständig die Rolle, die der Regisseur Kurtz für ihn vorgesehen hat, ohne dass Willard jedoch diese Rolle durchschauen kann („Ich kann überhaupt keine Methode erkennen").

Doch diese Rolle in Kurtz' Gesamtkunstwerk prophezeit ihm schon der Photograph, als er die Überlegung verwirft, dem gefesselten Willard zu helfen, und zwar mit dem Hinweis: „Er hat etwas mit ihnen vor. Ich werde ihnen nicht helfen. Sie werden ihm helfen, Mann. Sie werden ihm helfen" (2:36:55). Zwar siedelt *Redux* den Fotografen ebenso wie Kurtz im Umfeld Wahnsinns, doch tatsächlich erweist er sich als hellsichtig. Er beschreibt Willard, den Kurtz direkt zuvor – entsprechend seiner Rolle als Zuschauer – einen Botenjungen nennt, als einen Vermittler der Aussage der didaktischen Show von Kurtz, die der einzige Zweck des Handelns des Deserteurs geworden ist: „er stirbt, wenn das hier untergeht, Mann. Wenn das hier untergeht, dann stirbt er auch! Und was sagen dann die Leute über ihn? Er war ein gütiger Mann? Er war ein weiser Mann? Schwachsinn, Mann! Bin ich dann der, der das klarstellt? Falsch. Sie!" (2:38:05).

Bei Willards Imitation der Camouflage von Kurtz, die wiederum die des US-Militärs nachahmt, geht es also um ein Spiel der Repräsentation. Doch die Mimikry, der sich Willard bedient, bettet *Redux* in seine Dramaturgie weit komplexer ein als nur in die Reihung der Gesichter des Grauens. Der Surfer Lance, der im Film zunehmend unter Drogeneinfluss gerät, beginnt schon früh, sich ohne Bezug zu kriegerischen Handlungen mit Tarnfarbe zu schminken und ist bis zum Ende des Films kaum noch ohne Tarnfarbe zu sehen. Zudem bemalt Lance während seines Besuchs im *Playboy*-Helikopter auch eine der Frauen *(Redux* 1:26:00 ff) mit Camouflage, während Chef das andere Playmate mit Perücke und Kleidung dem Aussehen ihres Posters annähert, und damit in eine phantasmatische Repräsentation aus der Nicht-Kriegswelt verwandelt.

Dadurch, dass Lance das Playmate durch die Farbe in die Welt der US-Truppe integriert, bezieht *Redux* in dieser – im Verhältnis zu *Now* ergänzten Szene – einen Teil der populären US-Kultur in die

Kriegsmaschine ein. Und historisch fällt den USO-Truppenunterhaltungsshows diese Rolle tatsächlich zu: Im Vietnam-Krieg treten Stars wie Bob Hope und Marilyn Monroe auf, um durch die Präsenz der US-amerikanischen populären „Heimatkultur" die Moral der Truppe für die Kampfeinsätze zu stärken (*Britannica 2013*). Diese Einbindung in die imperiale Strategie erklärt, weshalb diese Playmates wiederum den US-amerikanischen Genozid an den Indianern repräsentieren. Zwar trägt Lance schon vor der *Playboy*-Helikopter-Szene einen burnusähnlichen Kopfschmuck, doch sein Tarnfarben-Einsatz setzt bei der Begegnung mit den Funktionsträgerinnen (und zugleich Opfern) des Kulturimperialismus ein.

Doch diese Camouflage von Lance ist nicht die einzige Tarnung von US-Soldaten. Wie Norris (1998: 757) erläutert, trägt der Junge auch einen Lendenschurz, Chef trägt Bananenblätter am Kopf, und die asiatischen Tai-Chi Übungen von Willard am Anfang des Films haben ihre Entsprechung in der Figur, die im Camp von Kurtz im Hintergrund dieselben Bewegungen ausführt, und vermutlich Colby (Woodman 2005: 102), den zu Kurtz übergelaufenen Vorgänger von Willard, darstellt. Dieser Einsatz der Mimikry unterscheidet sich von der Funktion, wie sie Edward Brathwaite und Bhabha beschreiben und in Kapitel C iii der *Einführung in die Postkolonialismus-Forschung* (Streit 2014) ausführlicher dargestellt ist. Brathwaite (1995b: 203) zufolge setzen Einwohner der Karibik Mimikry ein, um sich phänotypisch an die Weißen anzunähern, und Bhabha (1994: 87-91) geht auf die Folgen dieser Strategie für die Imitierten ein: Zwar könne sie nicht zur Anpassung führen, aber die stets mangelhafte Repräsentation wirke sich auf die Identität der Kolonisten destabilisierend aus. *Redux* nutzt und variiert diesen Mechanismus der Verfremdung und macht ihn zum Zeichen einer Verfremdung ohne Anpassung. Die Mimikry von *Redux* verfolgt nicht den Zweck der Tarnung, teilt aber eine Funktion der Mimikry, denn sie ist Zeichen der Entfremdung der Soldaten von ihrer eigenen Rolle, die den Zuschauer durch die Nutzlosigkeit auf der Ebene der realistischen Kriegsdarstellung gerade auf die Frage nach dem Sinn verweist. Wenn sich die Protagonisten in einzelnen Attributen dem feindlichen Gelände graduell annähern, aber nicht mit ihm zur

Deckung gelangen, verweist der zwecklose Einsatz der Tarnung auf Identitätsverluste ohne Vorteil oder Kompensation, und genau diese Verluste repräsentiert in *Redux* am Ende der Repräsentationskette Kurtz mit seiner Camouflage und bestätigt damit diesen Verlust durch Willards Erfüllung des Mordauftrags innerhalb des von ihm unverstandenen, vorgegebenen rituellen Rahmens.

So erweist sich *Redux* als gewaltiges kinematographisches Artefakt, das mit komplex mobilisierten filmspezifischen Mitteln ein imperiales Projekt auf eine solche Weise verhandelt, dass die Widersprüche und Haltlosigkeit der ideologischen Konzepte, die diesem Krieg zugrunde liegen, vielfältig symbolisch sichtbar werden können.

Literatur

Anderson, David L. 2002. *The Columbia Guide to the Vietnam War*. New York: Columbia University Press.

Anderson, Mark M. 2001. „Atlantisches Zerrbild: Was interessiert die Amerikaner an Deutschland? Hitler und der Holocaust. Erfahrungsbericht eines New Yorker Germanisten." *Die Zeit* 41 (4.10.2001): 46.

Anderson, John. 2001. „Reliving the Horror and Genius of *Apocalypse Now*." *Newsday* (3.8.2001): B02.

Anthony, Todd. 2001. „Then and Now; Time Has not Dimmed the Mad Brilliance of *Apocalypse Now*, but a Re-edited Version Mostly Magnifies its Flaws." *Sun-Sentinel* (12. 8. 2001): 1D.

Ashcroft, Bill, Gareth Griffiths und Helen Tiffin. 1998. *Key Concepts in Post-Colonial Studies*. London und New York: Routledge.

Baldick, Chris. 2001. *The Oxford Concise Dictionary of Literary Terms*. 2. Ausg. Oxford: Oxford University Press.

Bhabha, Homi K. 1994. *The Location of Culture*. London und New York: Routledge.

Bock, Andreas. 2004. „Verschwörung oder Taktik? Die Geschichte des Angriffs auf Pearl Harbour." *Süddeutsche Zeitung* (23.1.2004): 15.

Brathwaite, Edward Kamau. 1995b. „Nation Language." In *The Post-Colonial Studies Reader*. Hg. Bill Ashcroft, Gareth Griffiths und Helen Tiffin. 309-13. London und New York: Routledge.

—. 1995b „Creolization in Jamaica." In *The Post-Colonial Studies Reader*. Hg. Bill Ashcroft, Gareth Griffiths und Helen Tiffin. 202-05. London und New York: Routledge.

Cahir, Linda Constanzo. 1992. „Narratological Parallels in Joseph Conrad's *Heart of Darkness* and Francis Ford Coppola's *Apocalypse Now*." *Literature/ Film Quarterly* 20: 181-87.

Conrad, Joseph. 1899 / 1973. *Heart of Darkness*. Harmondsworth, New York et al.: Penguin, 1973; Nachdruck 1986.

Cooppan, Vilahini. 2000. „W(h)ither Post-Colonial Studies? Towards the Transnational Study of Race and Nation." In *Postcolonial Theory and Criticism*. Hg. Laura Chrisman und Benita Parry. 1-35. Cambridge: Brewer.

Coppola, Francis Ford (dir.). 1979 / 2004. *Apocalypse Now*. Michael Herr, John Milius und Francis Ford Coppola (writ.); Vittorio Storaro (cine.); Carmine Coppola (music.); Starring: Marlon Brando (Lieutenant Kurtz), Robert Duvall (Lieutenant Kilgore), Dennis Hopper (anonymous American Photographer), Martin Sheen (Captain Willard). Pathe Distribution.

Coppola, Francis Ford (dir.). 2001. *Apocalypse Now Redux*. Michael Herr, John Milius und Francis Ford Coppola (writ.); Vittorio Storaro (cine.); Carmine Coppola (music.); Starring: Marlon Brando (Lieutenant Kurtz), Robert Duvall (Lieutenant Kilgore), Dennis Hopper (anonymous American Photographer), Martin Sheen (Captain Willard). Studio Ufa/DVD.

Cornwell, Rupert. 2002. „The War of the Worlds." *The Independent* (7.9.2002): 6.

Cowie, Peter. 1994. *Coppola: A Biography*. 2. Ausg. New York: DaCapo Press.

Drea, Edward J. 2000. „Day of Deceit: The Truth about FDR and Pearl Harbor." *Journal of Military History* 64: 582-583.

Ebert, Roger. 2001. „ ‚Now': More than ever, a Masterpiece. *Apocalypse Now Redux*." *Chicago Sun-Times* (July 10, 2001): 28.

Eliot, T.S. 1974. *Collected Poems 1909-1962*. London und Boston: Faber and Faber.

—. 1923 / 1975. „*Ulysses*, Order, and Myth." In *Selected Prose of T. S. Eliot*. Hg. Frank Kermode. 175-78. London: Faber and Faber.

Greiff, Louis K. 1992. „Soldier, Sailor, Surfer, Chef, Conrad's Ethics and the Margins of *Apocalypse Now*." *Literature/ Film Quarterly* 20: 188-98.

Fenske, Hans, Dieter Mertens, Wolfgang Reinhard und Klaus Rosen. 1981. *Geschichte der politischen Ideen*. Königstein: Athenäum.

Foucault, Michel. 1969. *Wahnsinn und Gesellschaft. Eine Geschichte des Wahns im Zeitalter der Vernunft*. Frankfurt: Suhrkamp.

Freud, Sigmund. 1919 / 1955. „Das Unheimliche." In: Sigmund Freud. *Gesammelte Werke* Bd. XXII, 2. Ausg. Hg. Anna Freud. 227-268. London: Imago Publishing, 1947; Nachdruck 1955.

Gelder, Ken und Jane M. Jacobs. 1998. *Uncanny Australia: Sacredness and Identity in a Postcolonial Nation*. Melbourne: Melbourne University Press.

Herr, Michael. 1980. *Dispatches*. New York: Avon.

Herz, Dietmar. 1987. *Frieden durch Handel - Zur Außen- und Außenwirtschaftspolitik der Roosevelt-Administration in der ersten Hälfte der dreißiger Jahre*. Frankfurt am Main et al.: Peter Lang.

Hochschild, Adam. 2000. *Schatten über dem Kongo: Die Geschichte eines der großen, fast vergessenen Menschheitsverbrechen*. Stuttgart: Klett-Cotta.

Johnson, Chalmers. 2000. *Ein Imperium verfällt: Wann endet das Amerikanische Jahrhundert?* München: Blessing.

—. 2003. „Who's in Charge? Secrets: *A Memoir of Vietnam and the Pentagon Papers* by Daniel Ellsberg." *London Review of Books* 25, 3: 7-9.

Kreye, Adrian. 2006. „Wenn sich der Nebel lichtet. Neue Belege: Kriegsverbrechen gehörten in Vietnam zum Alltag." *Süddeutsche Zeitung* (10.8.2006): 11.

Norris, Margot. 1998. „Modernism and Vietnam: Francis Ford Coppola's *Apocalypse Now*." *Modern Fiction Studies* 44: 730-66.

Now Siehe: Coppola, Francis Ford (dir.). 1979 / 2004.

Redux Siehe: Coppola, Francis Ford (dir.). 2001.

Said, Edward W. 1993. *Culture and Imperialism*. New York: Knopf.

San Filippo, Maria. 2003. „Reflections on Coppola, Director's Cuts, and *Apocalypse Now Redux*." *Senses of Cinema* 16, (September-October 2001). Online in Internet; URL: http://sensesofcinema.com/2001/essays-on-films-16/apocalypse/. [Aufruf: 29.8.2014; 13:35 Uhr MESZ].

Schmitt, Cannon. 1997. *Alien Nation: Nineteenth Century Gothic Fictions and English Nationality*. Philadelphia: University of Pennsylvania Press.

Shakespeare, William. 1611 / 1987. *The Tempest*. Hg. Stephen Orgel. Oxford und New York: Oxford University Press.

Sharett, Christopher. 1980. „Operation Mind Control: *Apocalypse Now* and the Search for Clarity." *Journal of Popular Film and Television* 1 (August 1980): 34-43.

Solomon, Keith. 2007. „The Spectacle of War and the Specter of the ‚Horror:' *Apocalypse Now* and American Imperialism." *Journal of Popular Film and Television* 35: 22-31.

Spivak, Gayatri C. 1996. *The Spivak Reader: Selected Works of Gayatri Chakravorty Spivak*. Hg. Donna Landry und Gerald McLean. New York und London: Routledge.

Stinnett, Robert B. 1999. *Day of Deceit: The Truth about FDR and Pearl Harbour*. New York, Free Press.

Streit, Wolfgang. 2014. *Einführung in die Postkolonialismus-Forschung. Theorien, Methoden und Praxis in den Geisteswissenschaften.* Norderstedt: BoD.

Tatar, Maria M. 1981. „The Houses of Fiction: Toward a Definition of the Uncanny." *Comparative Literature* 33: 167-182.

Tibi, Bassam. 1995. „Wettkampf der Zivilisationen." *Frankfurter Allgemeine Zeitung.* (4.11.1995, Wochenendbeilage).

Whaley, Donald M. 1992. „Editorial: The Hero-Adventurer in the Land of Nam." *Literature / Film Quarterly* 20: 169-72.

Woodman, Brian J. 2005. "Represented in the Margins: Images of African American Soldiers in Vietnam War Combat Films." In *The War Film*. Hg. Robert Eberwein. 90-114. New Brunswick: 2005.

Namensregister

Anderson, David L. *19, 20, 21, 32, 33, 36*
Anderson, John *13*
Anthony, Todd *31*
Ashcroft, Bill *17*
Bhabha, Homi K. *26, 29, 47*
Bock, Andreas. *21*
Brando, Marlon *10, 28, 42*
Brathwaite, Edward Kamau *47*
Cahir, Linda Constanzo *14, 33*
Carlyle, Thomas *37*
Chown, Jeffrey *14*
Cobden, Richard *37*
Conrad, Joseph *14, 15, 43*
Cooppan, Vilahini *17*
Coppola, Francis Ford *21*
Cowie, Peter *13, 14, 15, 16, 31*
Drea, Edward J. *21*
Ebert, Roger *14*
Eisenhower, Dwight D. *19*
Eliot, T.S. *10, 15, 16, 42*
Ellsberg, Daniel *19*
Fenske, Hans *37*
Foucault, Michel *39*
Frazer, James *15*
Freud, Sigmund *7, 26, 43, 44*
Froude, James A. *37*
Gelder, Ken *26, 29*
Goldwater, Barry *36*
Greiff, Louis K. *17*
Griffiths, Gareth *17*
Herr, Michael *14, 34, 42*
Herz, Dietmar *21*
Hochschild, Adam *15*
Jacobs, Jane M. *26, 29*
Johnson, Chalmers *19, 20, 36*
Johnson, Lyndon B. *21*
Joyce, James *16*
Kennedy, John F. *20*
Kingsley, Charles *37*
Kipling, Rudyard *37*
Kreye, Adrian *22*
LeMay, Curtis *36*
Léopold II. (Belgien) *15*
McCarthy, Joseph *32*
Mertens, Dieter *37*
Milius, John *14*
Minh, Hồ Chí *32*
Murch, Walter *14*
Norris, Margot *13, 14, 15, 16, 21, 24, 32, 33, 40, 41, 42, 43, 44, 47*
Reinhard, Wolfgang *37*
Rheault, Robert *19, 22, 23*
Ricardo, David *37*
Rolling Stones *23*
Rosen, Klaus *37*
Said, Edward W. *7, 17, 20, 22, 34, 35*
San Filippo, Maria *14, 32*
Schmitt, Cannon *29*
Seifried, Eva *31*
Shakespeare, William *41*

Sharett, Christopher *16*
Spivak, Gayatri C. *26*
Stanislawski, Konstantin *7, 42*
Stinnett, Robert B. *21*
Storaro, Vittorio *15*
Streit, Wolfgang *5, 22, 27, 47*
Tatar, Maria M. *26*
Tibi, Bassam *37*
Tiffin, Helen *17*
Truman, Harry S. *19*
Turcotte, Gerry *26*
Wagner, Richard *7, 42*
Welles, Orson *14*
Weston, Jessie *15*
Whaley, Donald M. *16*
Woodman, Benjamin *9, 45, 47*

Zum Autor:

Wolfgang Streit unterrichtet in München.

Streit publiziert u.a. zu Michel Foucault, Daniel Defoe, Oscar Wilde, W.B. Yeats, James Joyce, Seamus Heaney, Franz Kafka und Francis Bacon.

Seine Forschungsschwerpunkte sind:
Irland-Forschung; Postkolonialismus-Forschung; Neostrukturalismus.

Zuletzt erschienen von ihm:
Einführung in die Postkolonialismus-Forschung. Theorien, Methoden und Praxis in den Geisteswissenschaften. Norderstedt: BoD (2014).

Joyce/Foucault. Sexual Confessions. Ann Arbor: University of Michigan Press (2005).